YACSOK CUBE
약속 큐브

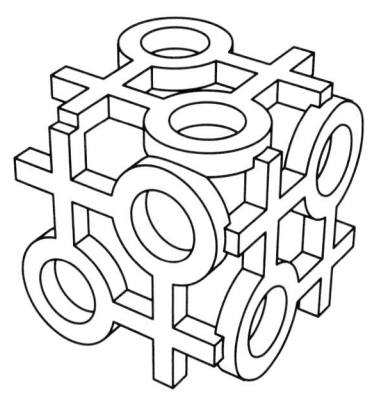

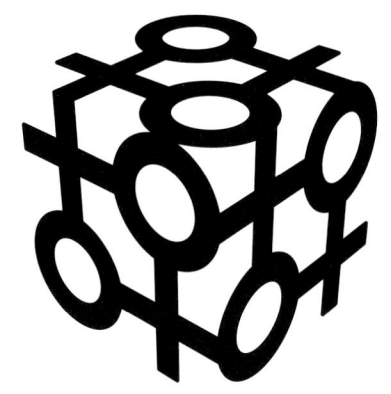

**Before Man and Woman,
There is Human.**

남자 여자이기 전에, 우리는 모두 사람입니다.

Before Young and Old, There is Human.

Before Disabled and Non-disabled, There is Human.

Before Native and Foreign, There is Human.

Before East and West, There is Human.

Before Black and White, There is Human.

Before Rich and Poor, There is Human.

Before Blue and White, There is Human.

Before Right and Left, There is Human.

CONTENTS

1. PROLOGUE

2. ABOUT

YACSOK SYMBOLS

YACSOK CODE 1236 / 8 COLORS OF YACSOK

3. STORY

YACSOK GREETING / YACSOK ROAD / YACSOK KNOT & KNIT

YACSOK FRIENDS / YACSOK TREE / YACSOK FOREST

4. WORK

MOMENT OF YACSOK / YACSOK HANDS
YACSOK KEYS / YACSOK RING / YACSOK PLAYGROUND

5. ARTIST'S NOTE

6. EPILOGUE

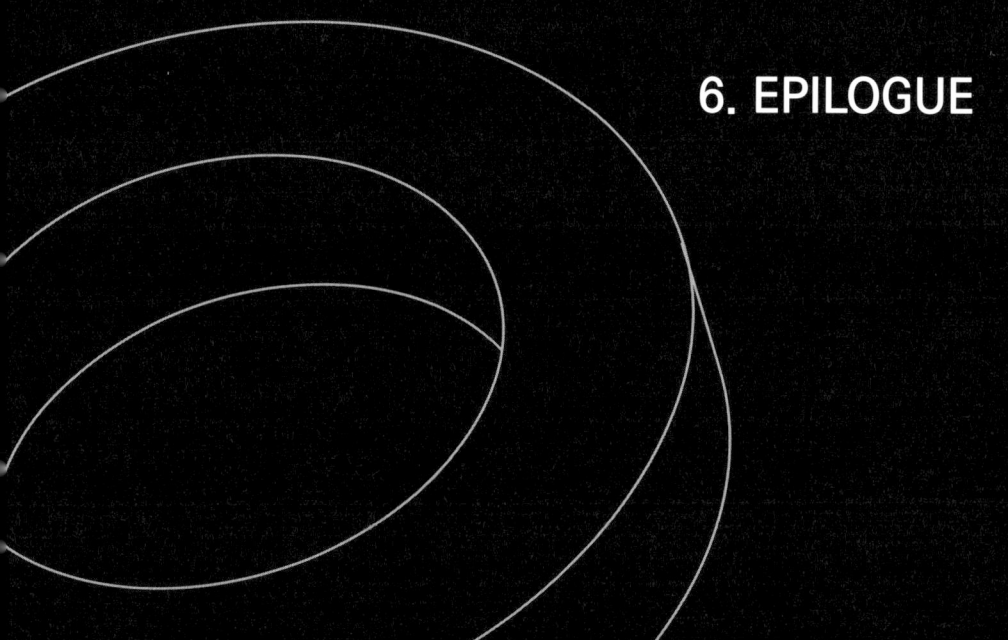

남자와 여자를 생각합니다

어린 시절,
나의 어머니는 언제나 화가 나 있었습니다.
그녀는 가장 먼저 일어나
가족들의 아침밥을 차리고
나와 동생을 깨워 등교 준비를 시켰습니다.
그리고 화장기 없는 얼굴에 작은 가방을 들고
일터로 가는 버스를 타려고 누구보다 먼저 집을 나섰습니다.

집에 돌아온 그녀는
지친 표정으로 말없이
사내아이 둘이 엉망으로 만들어놓은 집을 치우고

저녁밥을 차리고

아이들을 씻기고

잠자리에 들게 했습니다.

그녀는 화가 난 채로 잠이 들었습니다.

그리고

다음날 아침에도

그녀는 가장 먼저 일어났습니다.

변변한 일자리를 찾지 못하는 아버지 대신

어머니가 가족의 생계를 책임지고 있었습니다.

그녀는 아이를 낳아 기르고

집안 살림을 하고

돈을 벌어오고

메마른 샘을 짜내어 사랑을 내어주고 있었습니다.

그녀는 언제나 화가 나 있었습니다.

내가 알고 있고

모두가 사용하는

창을 든 남자와 거울을 보는 여자의 모습이
우리 집에는 없었습니다.
엄마 같은 아빠와 아빠 같은 엄마가
마구 뒤섞여 있었습니다.

남자는 뭘까
여자는 뭘까
사람은 뭘까

성기호에 대한 나의 의심은 이렇게 시작되었습니다.

사람들이
모여
함께 삽니다

손에 창을 든 사람과 거울을 든 사람이 있습니다.
모두 똑같은 창, 똑같은 거울이라고 생각했는데
다른 모양의 창을 든 사람도 있고, 다른 색깔의 거울을 든 사람도 있습니다.

사람들이 이야기합니다.
"왜 이렇게 함께 살기가 힘들지?"
"이건 공정하지 않아."
"너무 불평등해."

창과 창이 싸웁니다.
거울과 거울이 싸웁니다.
창과 거울이 싸웁니다.
모양이 다르다고, 색깔이 다르다고 미워합니다.

창과 방패를 들고
거울을 든 채
함께 사는 것이 얼마나 힘든 일인지 알게 되었습니다.

이제 오랫동안 손에 쥐고 있던
창과 방패, 그리고 거울을 내려놓아야 할 때입니다.

300년 전쯤 스웨덴의 생물학자 칼 폰 린네Carl Von Linne는 식물의 성에 관한 연구를 하면서 암수를 분류하기 위해 오래전 점성술과 연금술에서 사용하던 화성(철)과 금성(구리)의 기호를 활용하였습니다. 이 기호가 일반화되어 오늘날 모두가 사용하는 남성과 여성의 기호가 된 것입니다. 사람을 포함한 모든 생물의 성性을 가르게 된 이 기호는 어디서 시작된 걸까요? 그 기원은 그리스 로마 신화에서 비롯됩니다. 전쟁의 신 마르스의 창과 방패를 본떠 남성 기호가 되고, 아름다움의 신 비너스의 손 거울을 본떠 여성 기호가 된 것입니다.

오늘날 우리가 사는 세상은 유례 없이 다양한 목소리를 수용하는 사회가 되었습니다. 성性에 관해서도 그동안 겉으로 드러나지 않았던 여러 생각과 가치관들이 수면 위로 떠오르고 있습니다. 서로의 신념을 대변하는 주장들은 충분한 논의와 합의를 이루지 못한 채 갈등을 빚고 다툼이 되어 차별과 혐오로 이어지기도 합니다.

성에 관한 수많은 논쟁 속에서 한 가지 분명한 점은 사회적으로 기대하는 남성과 여성의 역할이 달라졌다는 것입니다. 그렇다면 창과 방패를 들고 싸움하는 남자와 거울 속에 비치는 모습만을 바라보는 여자가 과연 이 시대의 남성과 여성을 상징할 수 있을까요? 기존의 성기호는 그 자체로 우리가 깨뜨리고 벗어나야 할 고정관념을 의미합니다. 이 시대착오적인 성기호는 남성과 여성의 역할을 규정짓고 강요함으로써 둘 사이의 영역을 분리하고 단절시킵니다. 그 결과 남성과 여성이 서로를 불안과 두려움의 대상으로 여기고 심지어 적으로 인식하여 싸우게 합니다.

여기, 약속큐브가 제안하는 새로운 성기호는 서로를 인정하고 존중하여 함께 사는 가치를 담고 있습니다. 사람들의 생각 속에 사람이 무기를 든 남성과 손거울을 쥔 여성으로 자리 잡고 있는 한, 남자의 폭력이 용인되고 여자가 외모로 평가받는 세상은 사라지지 않을 것이며 결국 남성과 여성 사이의 차별과 갈등은 계속될 것입니다. 특히 가치관이 정립되는 시기의 어린이와 청소년들이 사람에 대한 이해와 존중을 배우는 인성교육은 매우 중요합니다. 한 사람 한 사람의 가치관이 모여 사회의 모습을 형성하므로 미래세대의 마음속에 함께 살아야 할 소중한 사람의 이미지를 올바르게 심는 것은 좋은 관계를 만드는 기초가 됩니다.

새로운 성기호는 사회적 변화와 요구에 부응하는 사람의 기호입니다. 일상에서 이 기호를 보고 사용함으로써 우리 안에 살아있는 인간의 본성을 깨닫고 조화로운 세상을 만들기 위한 지혜를 나누고자 합니다.

ABOUT

창을 든 남자와 거울을 든 여자가 서 있습니다.
손에 든 창과 거울이 너무 무거워
두 사람은 외로움에 지쳤습니다.

남자와 여자가 결심합니다.
창을 내려놓자 두려움이 없어지고
거울을 내려놓자 불안이 사라집니다.
용기와 사랑으로 다가가자
마음과 마음이 연결되고
두 사람은 더 이상 외롭지 않습니다.

이제 우리 모두 친구가 되는 사람의 기호를 소개합니다.

YACSOK SYMBOLS

YACSOK CODE 1236

8 COLORS OF YACSOK

Yacsok Symbols

힘   포용

우리 안에 **힘**과 **포용**이 있습니다.

힘✚은 권위와 감동이고
포용⭕은 공감과 조화입니다.

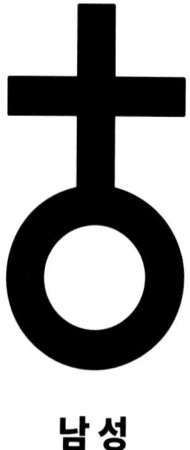 

남성   여성

힘과 포용이 만나 **사람ㅎ**, **♀**이 됩니다.
사람은 힘으로 포용을 지키고, 포용으로 힘을 전합니다.
힘과 포용으로 이루어진 인격체, **사람**의 본질은
결코 다르지 않습니다.

창과 방패를 의미하는 남성 기호 ♂는
이 시대의 남성상이 될 수 없습니다.
새로운 시대의 남성 ㅎ은
힘과 포용으로 꿈을 그립니다.

손거울을 의미하는 여성 기호 ♀는
이 시대의 여성을 설명할 수 없습니다.
새로운 시대의 여성 ♀은
포용과 힘으로 미래를 색칠합니다.

약 속

남성♂과 여성♀이 만납니다.
사람과 사람이 만나서 **약속**이 됩니다.
약속은 **사람의 평등한 결합**입니다.

약속큐브

약속큐브 는 약속이 모인 좋은 **관계**입니다.
약속큐브 안에는
남성과 여성, 남성과 남성, 여성과 여성이
함께 있습니다.

약속숲

약속숲은 약속큐브로 이루어진 행복한 **환경**입니다.
우리는 **약속숲**에서 함께 삽니다.

힘과 포용이 사람, 이 되고

약속   약속큐브   약속숲

사람의 평등한 결합인 **약속**이 모여 좋은 **관계**를 이루며
좋은 관계가 만나서 행복한 **환경**을 완성합니다.

Yacsok Code 1236

숫자 6은 약속큐브의 면의 개수이며,
부분(1, 2, 3)이 모여 전체(6)를 이루는 **완전수입니다**.
평면이 모여 입체가 되듯, 평등한 사람의 결합⚧이 단단한 관계🧬와
질서 있는 환경♣으로 확장되어 조화로운 세상을 만듭니다.

내가 있고(1),
너와 나를 더하고(2),
거기에 우리를 더하면(3),
좋은 관계(6)의 수식이 완성됩니다.

$$1 + 2 + 3 = 6$$

나   너와 나   우리   좋은 관계

내가 있고(1)

너와 나를 곱하고(2),

거기에 우리를 곱하면(3),

행복한 환경(6)의 수식이 완성됩니다.

1 x 2 x 3 = 6
나   너와 나   우리   행복한 환경

약속코드1236은 서로를 연결하여 약속큐브를 완성하는
약속친구들의 숫자입니다.

8 Colors of Yacsok

숫자 8은 약속큐브의 꼭짓점의 개수이며
사람과 사람, 약속과 약속의 만남입니다.
끊지 않고 이어서 쓸 수 있는 숫자 8은
약속으로 무한히 연결되는 우리들의 모습입니다.
만남이 좋은 영향으로 이어지도록
함께 사는 지혜를 담은 여덟 가지 가치가 있습니다.
조화로운 세상을 만들기 위한 여덟 가지 가치는
우리의 삶 속에서 아름다운 색깔로 빛납니다.

노란색은 희생과 봉사의 약속입니다.
보라색은 존중과 평등의 약속입니다.
연두색은 지구와 환경을 지키겠다는 약속입니다.
하늘색은 자유의 약속입니다.
주황색은 삶의 존엄과 활력의 약속입니다.
분홍색은 사랑의 약속입니다.
검은색은 약속의 색이 모인 힘의 색입니다.
하얀색은 약속의 빛이 모인 포용의 색입니다.

희생과 봉사는
희망의 씨앗을 심는 손길입니다.

존중과 평등은
함께 사는 세상으로 인도하는
다리입니다.

**지구와 환경은
미래를 품은 삶의 터전입니다.**

미래　　　평화
질서　　희망　　　치유
　　　이웃　　순수　　휴식

자유는
열린 세상을 향한
힘찬 날갯짓입니다.

**삶의 존엄과 활력은
우리 모두에게 주어진
소중한 선물입니다.**

사랑은
우리를 이어주는
생명의 끈입니다.

격려　만족　동행
관심　　　　충실　　　인내
　　행복　　　축복

힘은
용기를 북돋워주는
응원의 목소리입니다.

최선 열중 확신 극복 도움
감동 자신감 완주

포용은
마음을 보듬는
따뜻한 품입니다.

다정　온화　경청　용서
　　　　돌봄　　　조화
　관대　　　　배려

STORY

약속큐브 속의 나의 이야기가 너의 이야기와 만나서
우리 모두의 이야기가 되는 것처럼
약속은 미래를 향한 꿈과 희망을 이야기합니다.
약속큐브는
한 사람이 다른 사람을 만나
또 다른 사람에게
함께 가자고 하는 이야기입니다.

약속큐브는 함께 사는 우리들의 이야기입니다.

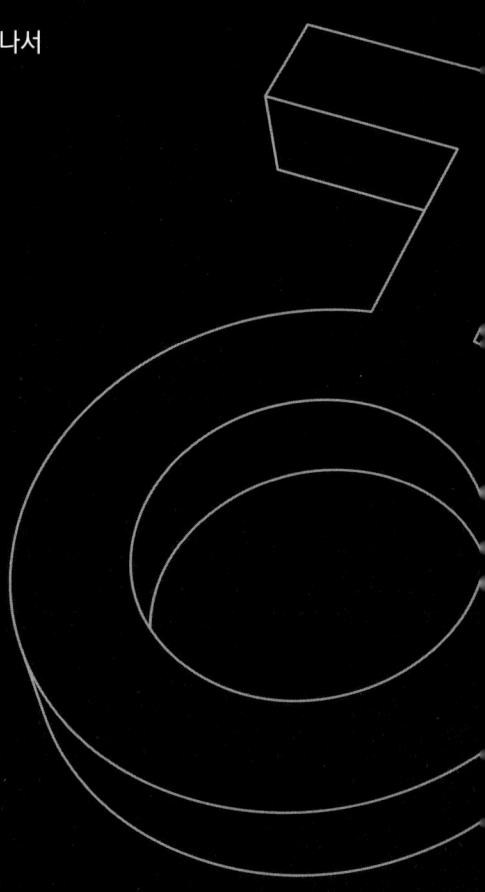

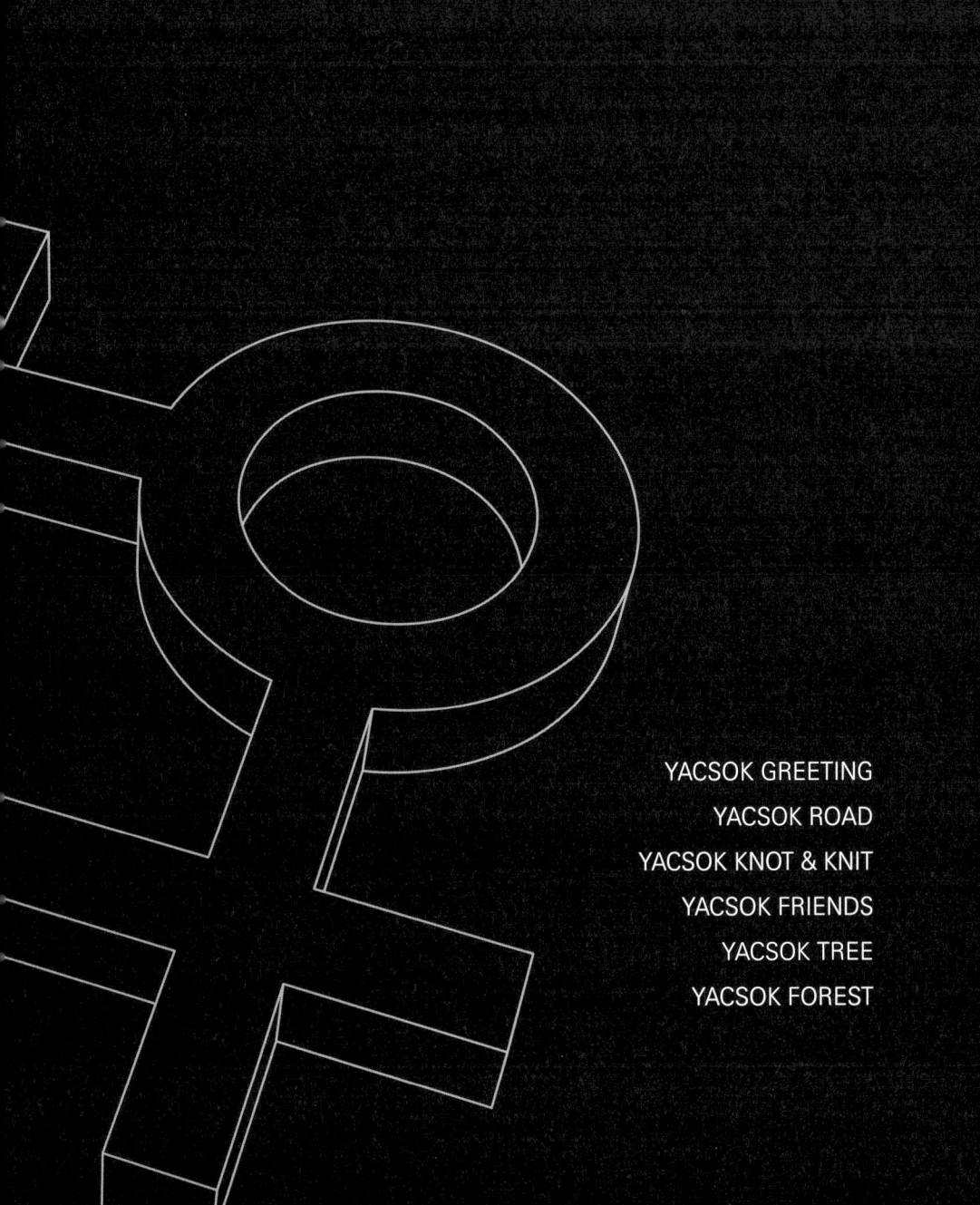

YACSOK GREETING
YACSOK ROAD
YACSOK KNOT & KNIT
YACSOK FRIENDS
YACSOK TREE
YACSOK FOREST

Yacsok Greeting

인사가 상대에게 다가가는 몸짓이라면
약속인사는 마음에 닿으려는 태도입니다.
나를 알리고 상대를 받아들여
친구가 되기 위해 문을 두드리는
마음의 몸짓입니다.

인사의 몸짓에 마음이 실리면
진심이 드러난 태도는 약속인사가 됩니다.
눈을 마주쳐 미소를 짓고
부드러운 목소리로 안부를 묻습니다.
머리를 숙여 존경과 예의를 표하고
손을 흔들어 반가움을 전합니다.
그 순간
우리는 서로에게
무관심과 경계의 대상이 아니라
가까워지고 싶은 친구가 됩니다.

서로 달라 오해가 쌓이고
알지 못해 두려움이 앞설 때
약속인사는
내가 당신을 이해하고 존중하겠다는
용기 있는 고백이 됩니다.

약속인사를 나눠주세요.
시간을 들여 마음을 전하고
다가온 마음을 소중히 받아주세요.
약속인사가
마음이 넘나드는 문이 되어
사람과 사람을 연결하고
우리의 세상을 확장시킵니다.

Yacsok Road

길 위에서
너와 내가 만나
약속이 됩니다.
마음을 열어 친구가 되고
발맞추어 함께 걸어갑니다.

걸음마다 새로운 길이 열리고
길을 따라 꽃이 피어나
고운 색이 눈을 쉬게 하고
달콤한 향기가 발걸음에 힘을 보탭니다.

서로에게 내어준 작은 어깨는
든든한 버팀목이 되어
두 사람은 온기를 느끼며
반짝이는 별만큼 수많은 이야기를 나눕니다.

길 위로 쏟아진 이야기들은
만 갈래 갈라진 길을 따라 굽이굽이 흘러가고
만남의 길목마다 좋은 영향으로 이어져
새로운 약속이 됩니다.

약속의 길 위에서
우리는 모두 친구가 됩니다.

Yacsok Knot & Knit

서로에게 내어준 마음의 실이
만나고 얽혀
단단한 매듭의 봉오리를
맺습니다.

존중과 배려의 시간이
켜켜이 쌓여
매듭의 고리로 연결되어
피어납니다.

촘촘히 짜인 매듭의 고리는
손에 손을 맞잡은
아이들의 웃음처럼 번져가고

물결치듯 끝없이 펼쳐진
약속의 꽃밭은
모자가 되어
목도리가 되어
장갑이 되어
옷이 되어
마음에 입힙니다.

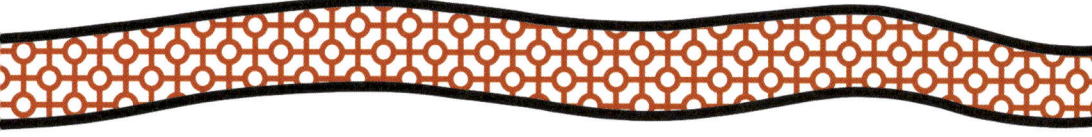

우정의 실
사랑의 실
감사의 실
믿음의 실
존경의 실

오색빛깔의 마음이
한데 묶여 매듭이 되고
새로운 마음으로
쑥쑥 자라나

친구가 되고
연인이 되고
가족이 되고
이웃이 되고
스승과 제자가 됩니다.

약속이
우리 모두를 연결합니다.
약속의 둥지 안에서
우리는 외롭지 않습니다.

Yacsok Friends

약속친구는 평등합니다.

평등은 차별하지 않음에서 시작됩니다.

성(性)이 다름을 차별하지 않으며

가난과 장애로 차별하지 않습니다.

피부색이 다름을 차별하지 않으며

어디에 살고

어떤 언어를 사용하고

무슨 음식을 먹든지

차별하지 않습니다.

서로의 종교적 신념을 존중하고

역사의 자부심과 문화의 독창성을 인정합니다.

약속친구는 함께 사는 우리들의 이름입니다.

약속친구는 공정합니다.

공정은 존중과 배려로 싹을 틔우고

자비의 마음으로 꽃을 피우며

사랑으로 열매를 맺습니다.

약속친구는 공정을 강요하지 않습니다.

공정이 강요가 되는 순간

나눔은

갈등이 되고 싸움이 됩니다.

공정은 상대의 어려움을 알고 이해하며

스스로 도와주는 마음의 실천입니다.

나를 내려놓음으로써 상대를 올려주는

모두가 행복해지는

서로를 비추는 거울입니다.

약속친구는 함께 사는 우리들의 이름입니다.

함께 살아요
너는 나의 자랑
우리는 약속친구들

희생과 봉사로 서로 돕는 약속친구

우리는 마음이 따뜻한 약속친구입니다

존중과 평등으로 함께 가는 약속친구

우리는 서로를 이해하는 약속친구입니다

지구와 환경을 보호하는 약속친구

우리는 생명을 존중하는 약속친구입니다

자유의 기쁨으로 노래하는 약속친구

우리는 함께 꿈꾸는 약속친구입니다

삶의 존엄과 활력으로 자라나는 약속친구

우리는 늘 새롭게 피어나는 약속친구입니다

사랑으로 하나되는 약속친구

우리는 서로 돌보는 약속친구입니다

Yacsok Tree

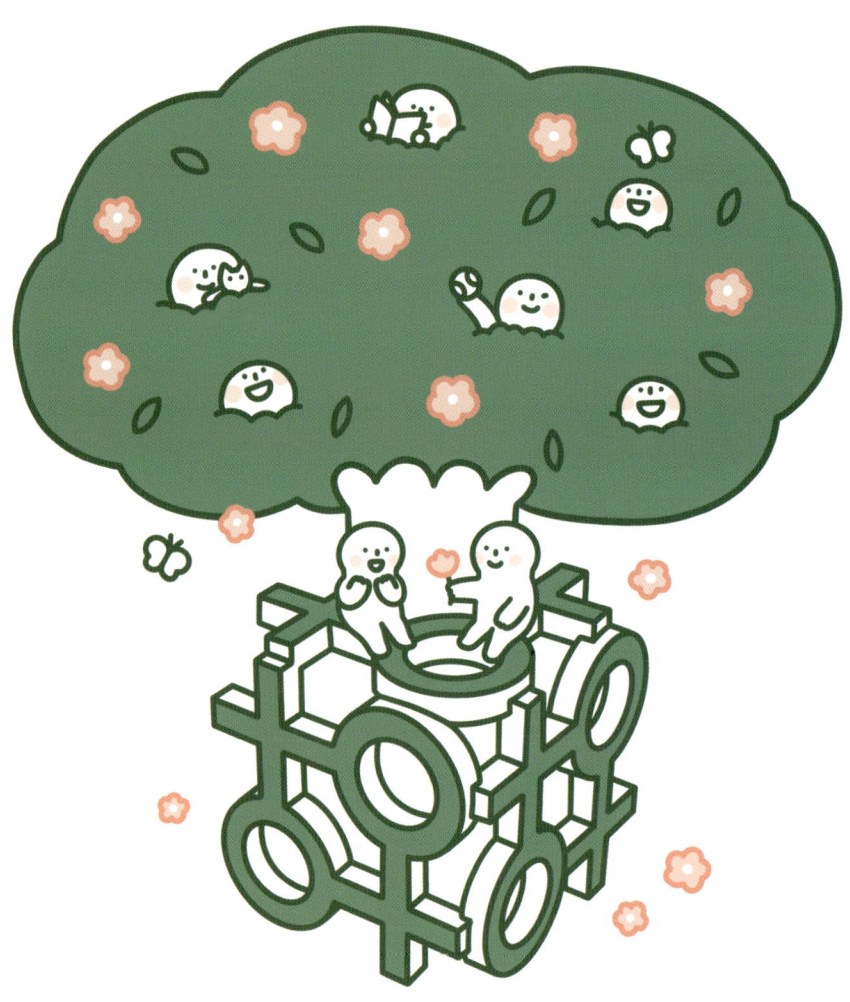

약속이 뿌리를 내려
돌봄과 응원을 양분 삼아
희망의 가지를 뻗습니다.
자유의 잎이 돋아나고
기쁨의 꽃이 피어나
약속나무로 자라납니다.

약속나무에
햇살이 깃들고
별빛이 모이고
달빛이 스며듭니다.

약속나무에
구름이 쉬어가고
빗물이 고이고
바람이 머물고
천둥과 번개가 노래합니다.

약속나무 아래
친구들이 모여듭니다.
약속의 좋은 영향이
사랑의 풍성함을 더해
생명의 열매를 맺습니다.

약속의 뿌리가 얽히고설켜
약속의 땅을 단단히 움켜쥐고
그 위로 생명의 열매가 떨어져
미래를 품은 새순이 움틉니다.

약속나무가 자라납니다.

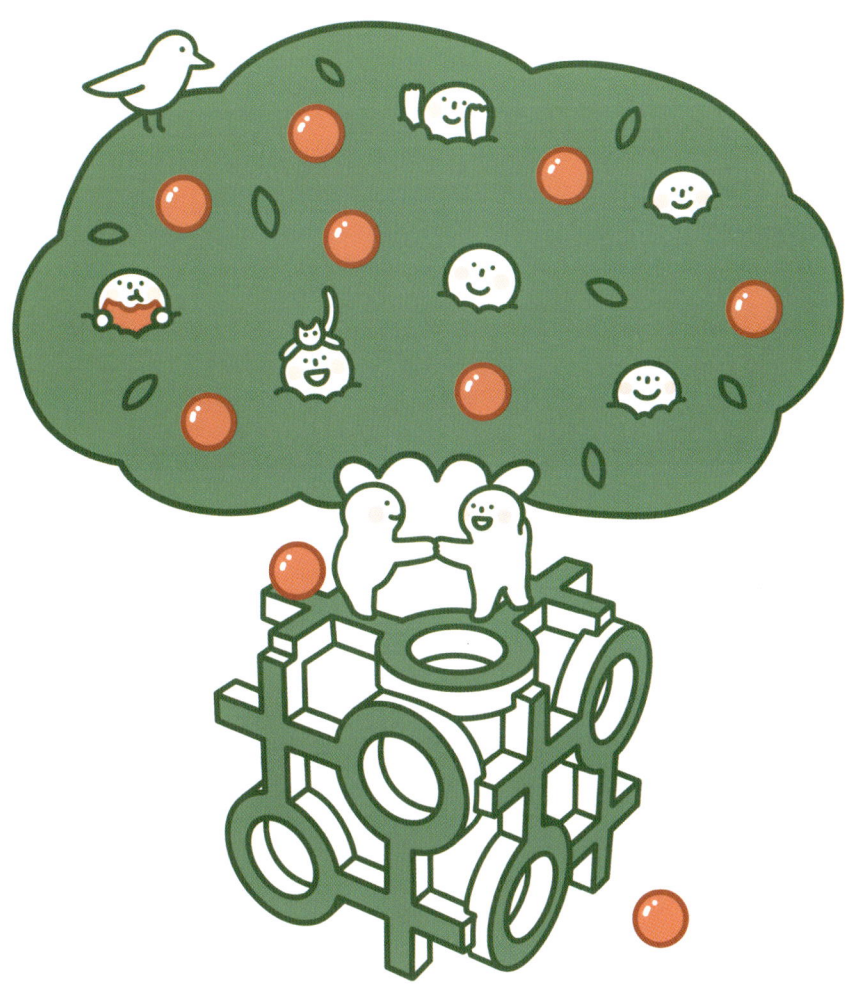

Yacsok Forest

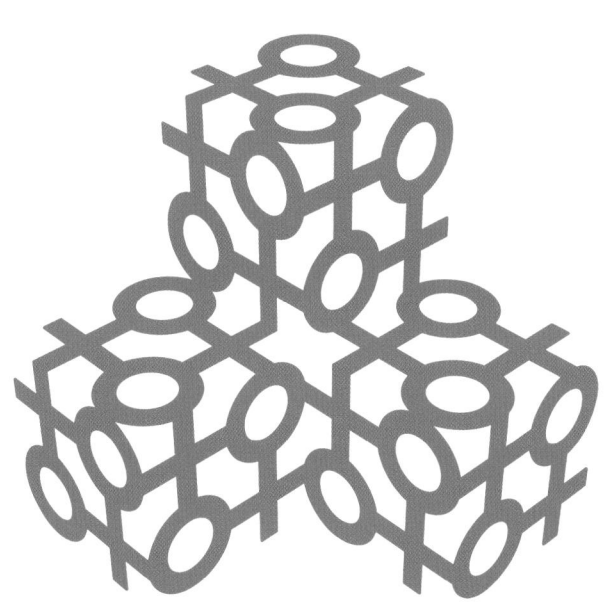

약속숲에 색과 빛이 가득합니다.
모든 색이 더해져 검정이 되고
모든 빛이 모여 하양이 됩니다.
검정은 힘의 색이고
하양은 포용의 색입니다.

빛이 사라지면 색을 보지 못하고
색이 없으면 빛을 느낄 수 없듯이
힘은 포용으로 전해지고
포용은 힘으로 지켜집니다.

약속숲이 약속의 색으로 물들어갑니다.
사람 안에 있는 힘과 포용의 스펙트럼이
십인십색十人十色 백인百人 백양百樣으로 나타나
약속친구들의 수만큼 다양한 색깔로 반짝입니다.

약속친구들이
서로를 닮아갑니다.
수많은 색깔들이 조화롭게 섞여
약속숲이 생명으로 가득합니다.

**평등의 물감으로 그린 평화로운 세상,
우리는 약속숲에서 함께 삽니다.**

WORK

약속의 좋은 영향이
사람들의 몸과 마음에 스며듭니다.
약속의 좋은 영향이
시가 되고 노래가 되고 그림이 됩니다.
약속의 좋은 영향이 사람들 사이에 가득할수록
갈등과 다툼은
날 선 혐오가 아닌
이해와 용서와 발전을 위한 씨앗이 되어
함께 사는 세상을 향해 뿌리내리게 됩니다.

작가 홍성민은 주얼리, 설치미술, 교구 개발, 도서 출간 등 다양한 작업을 통해 약속큐브 작품을 남기고 있으며, 교육, 전시, 공연 등의 프로젝트를 통해 약속큐브의 뜻을 널리 알리고 있습니다.
WORK는 이러한 약속큐브 활동들 중 일부를 실은 장으로, 약속큐브의 메시지가 실제로 사람들에게 닿을 수 있도록 노력한 수년간의 자취를 담았습니다.

MOMENT OF YACSOK
YACSOK HANDS
YACSOK KEYS
YACSOK RING
YACSOK PLAYGROUND

Moment of Yacsok

 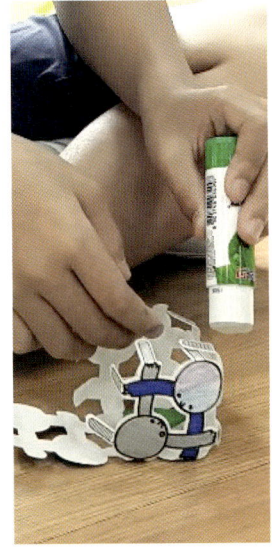 

약속큐브를 색칠하여 다름을 이해하고,
약속큐브를 접어 가까이 다가갑니다.
약속큐브를 풀칠하여 마음을 연결하고,
약속큐브를 걸어 미래를 다짐합니다.
함께 사는 소중한 가치를 손으로 만나는 순간,
우리는 모두 약속친구가 됩니다.

Paper Yacsok Cube, 2016

종이 약속큐브는 약속 기호를 각각 마주 잡은 손, 안아주는 사람, 웃는 얼굴들로 이미지화하여 만든 약속 큐브 전개도입니다. 이는 약속큐브의 슬로건, '함께 살아요', '너는 나의 자랑', '우리는 약속친구들'을 표현한 것으로, 함께 사는 세상을 의미하는 약속큐브의 상징을 직관적으로 이해하도록 합니다. 종이 약속큐브는 약속큐브 전개도, 희망을 적어 넣기 위한 색종이, 약속큐브를 걸어둘 수 있는 실로 구성되어 있습니다.

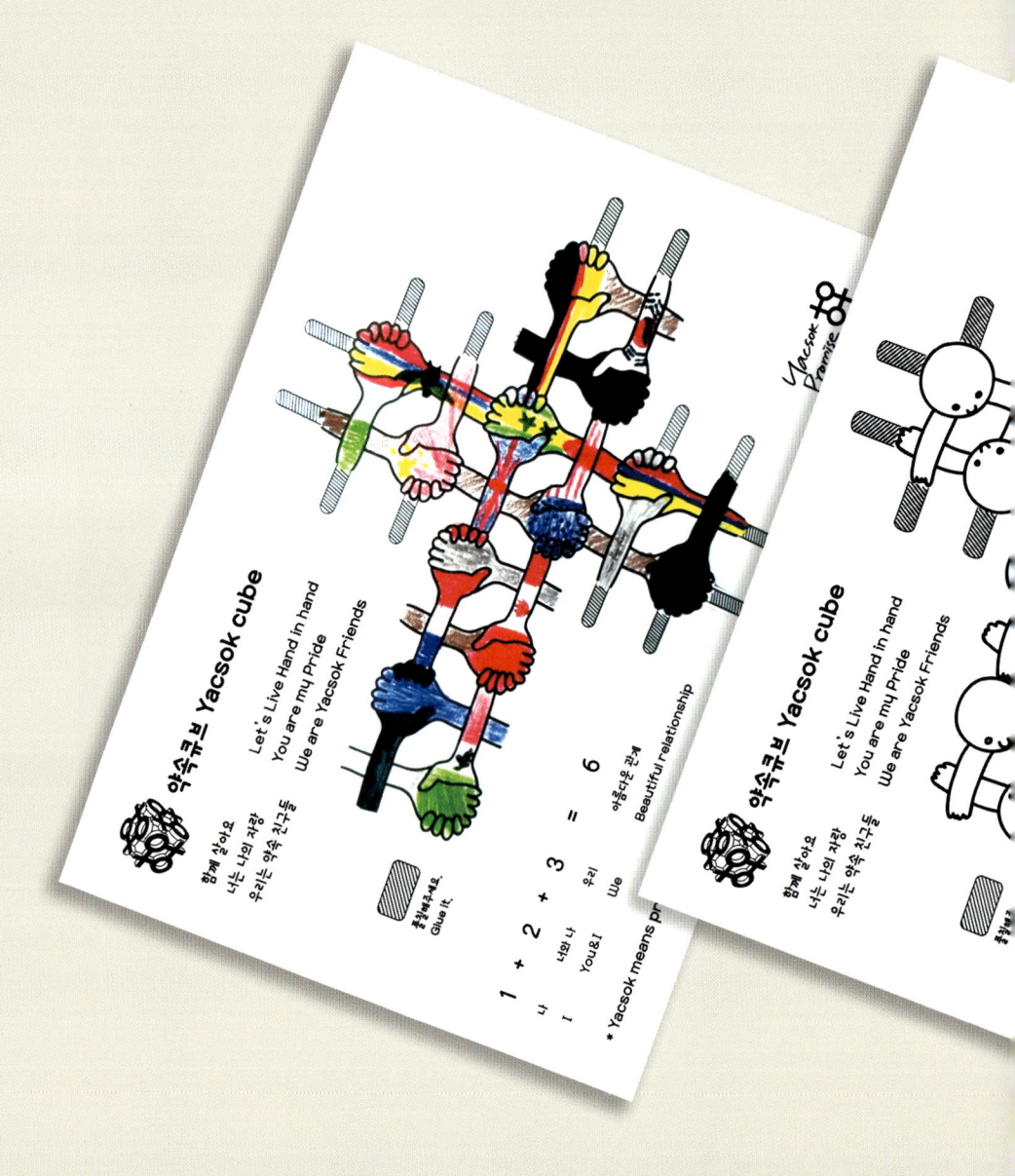

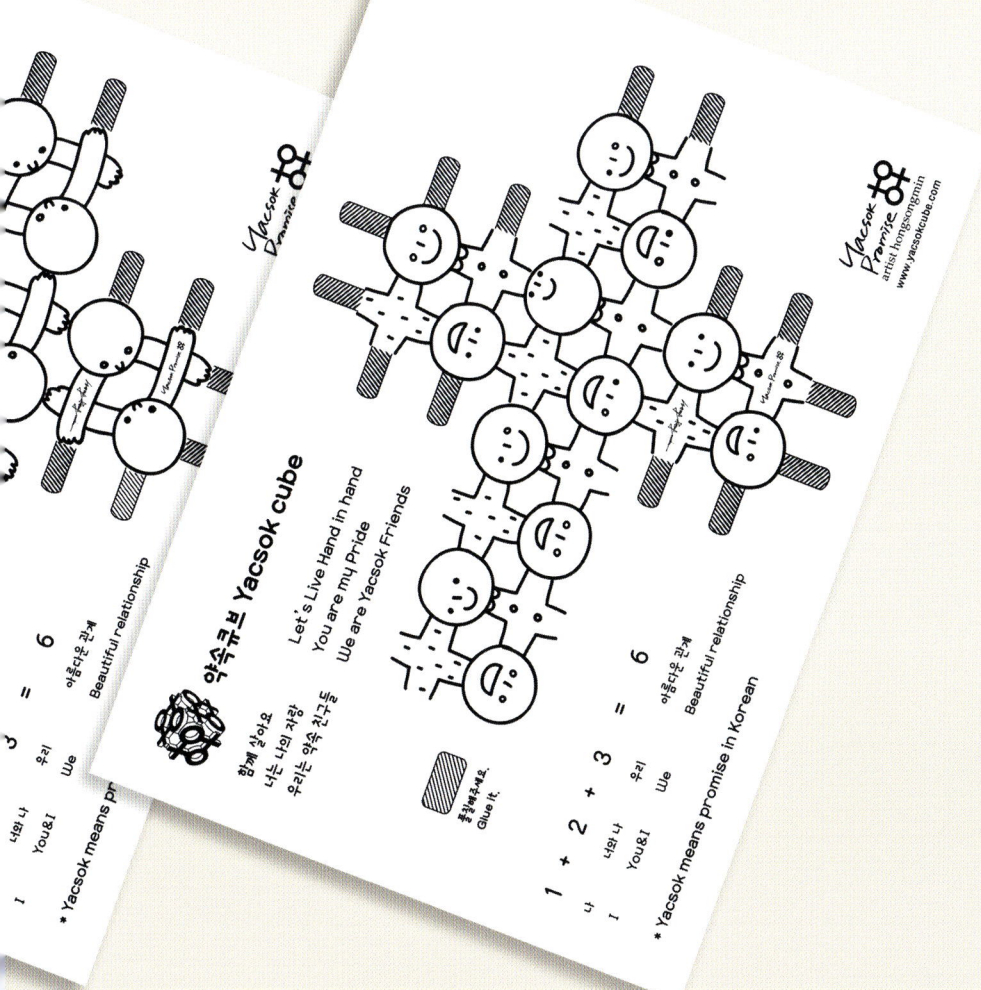

약속큐브 전개도 「함께 살아요」, 「너는 나의 자랑」, 「우리는 약속친구들」
*첫 번째 전개도는 윌리엄 히바드 초등학교 어린이가 채색한 것입니다.

Yacsok Hands

진심은
무기를 들고
돈을 들고
책을 들고
꽃을 들고는
보여줄 수 없습니다.

진심은
무기를 내려놓고
돈을 내려놓고
책을 내려놓고
꽃을 내려놓아서
비어있는 두 손으로
전하는 것입니다.

삶에서 우리가 움켜쥔 것들을 내려놓고
마음의 손을 마주 잡을 때
비로소 진심은 전해지고
우리의 만남은 약속이 됩니다.

단단히 맞잡은 약속의 손으로
마음의 모습을 봅니다.
마음의 소리를 듣습니다.
마음의 향기를 느낍니다.
마음의 온기를 나눕니다.

약속큐브는
약속의 손으로 만드는
마음의 보석입니다.

Puzzle Yacsok Cube, 2015

퍼즐 약속큐브는 힘과 포용의 조각을 돌려 약속큐브를 맞추는 2×2 큐브입니다. 큐브의 조각은 약속큐브의 여덟 가지 가치를 상징하는 노란색, 보라색, 연두색, 하늘색, 주황색, 분홍색, 검은색, 하얀색으로 이루어져 있습니다. 약속큐브 기호와 색의 의미를 되새기며 퍼즐 약속큐브를 풀어가는 과정은 약속이 서로 다름을 인정하고, 상처를 용서하고, 질서를 이해하며, 공감의 세상을 여는 길임을 알게 합니다.

〈약속큐브-약속친구들〉(2018), 한국공예·디자인문화진흥원 갤러리

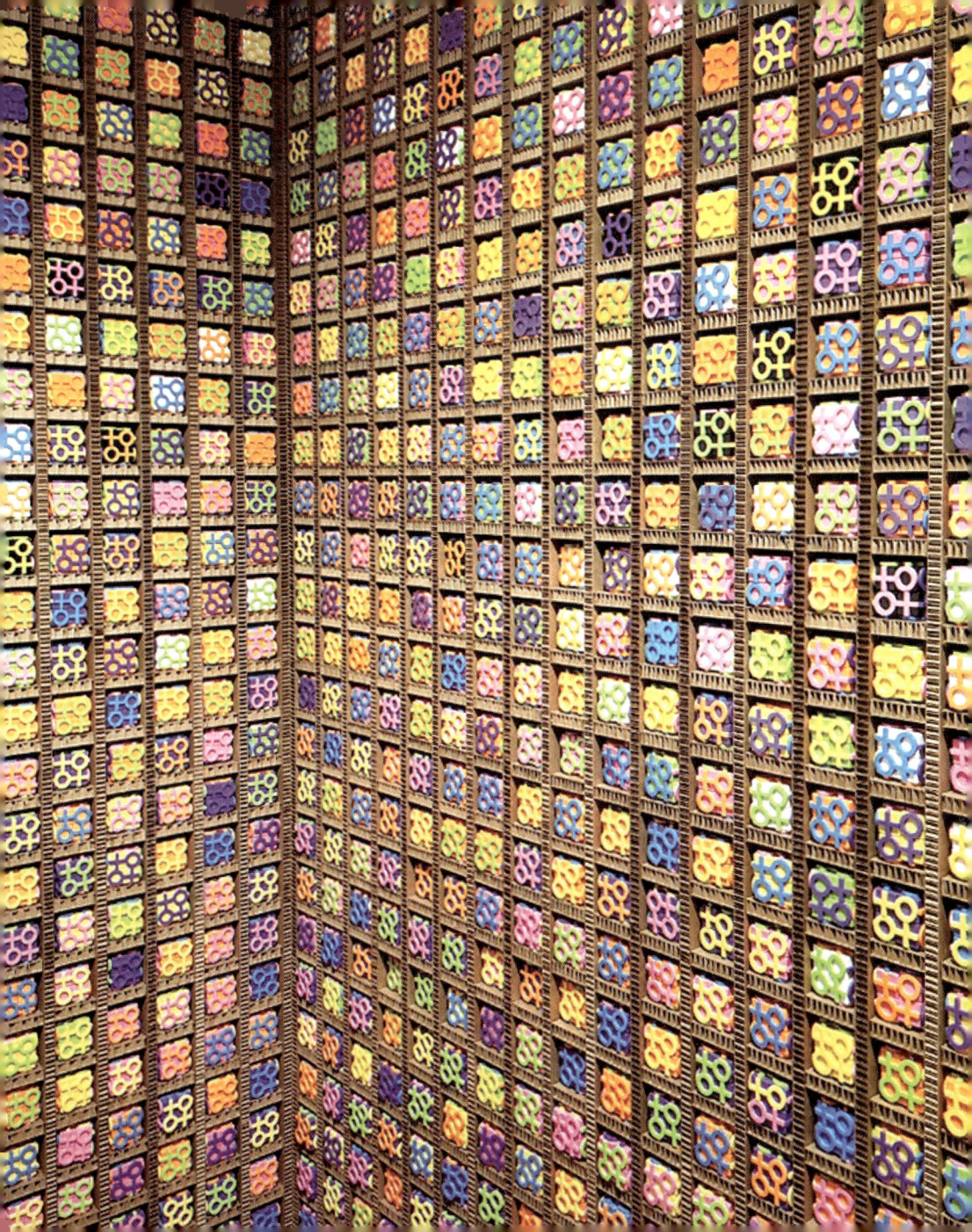

Yacsok Keys

우리 마음 안에 세 개의 약속 열쇠가 있습니다.
이 열쇠는 사람, 관계, 환경을 연결합니다.

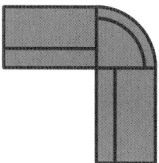

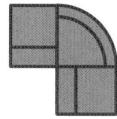

첫 번째 약속 열쇠는 **안정의 이음쇠**입니다.
안정의 이음쇠로 힘과 포용을 연결합니다.
힘과 포용의 연결이 우리가 누구인지 알게 하고
사람과 사람의 연결이 우리를 외롭지 않게 합니다.
안정의 이음쇠가 평등의 문을 엽니다.

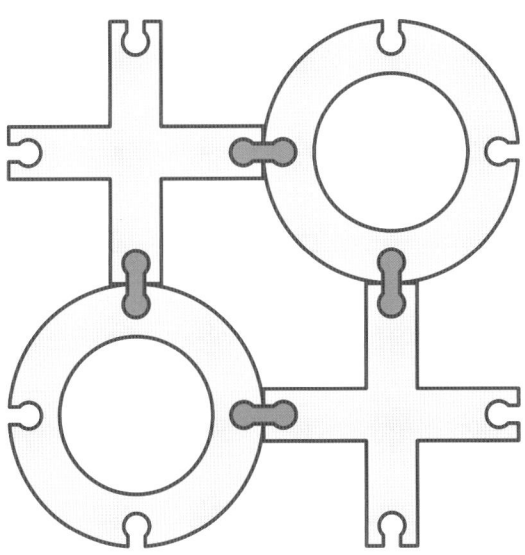

두 번째 약속 열쇠는 **변화의 이음쇠**입니다.
변화의 이음쇠로 약속과 약속을 연결합니다.
서로 다른 우리들이 약속 친구가 되어 만나고
약속의 만남이 모여 조화로운 관계를 맺습니다.
변화의 이음쇠가 평화의 문을 엽니다.

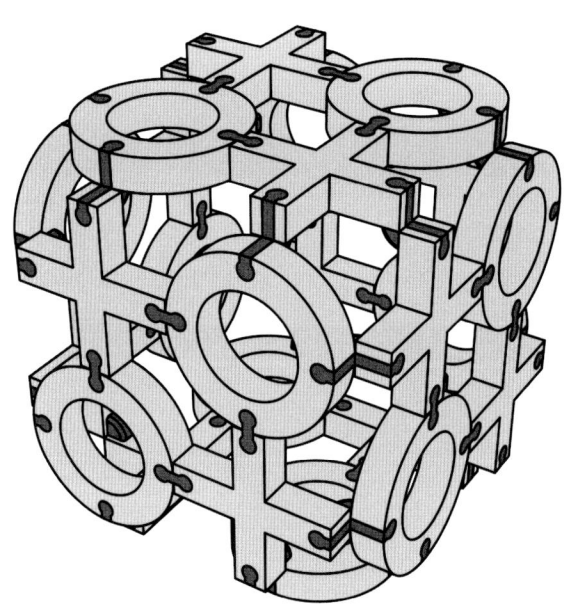

세 번째 열쇠는 **확장의 이음쇠**입니다.
확장의 이음쇠로 약속큐브와 약속큐브를 연결합니다.
서로 빈틈을 내어주고 결핍을 채워나가면
약속의 좋은 영향은 끝없이 확장됩니다.
확장의 이음쇠가 공존의 문을 엽니다.

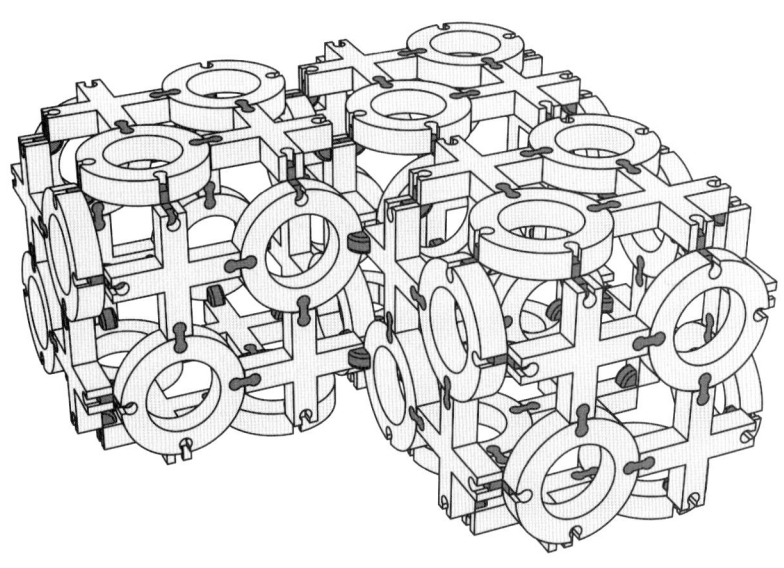

약속큐브는 평등과 평화와 공존의 문이 열린 세상입니다.

Block Yacsok Cube, 2020

블록 약속큐브는 약속큐브 기호의 확장을 블록 쌓기로 표현한 작품입니다. 힘과 포용 블록을 안정과 변화의 이음쇠로 연결하고 쌓아 올려 약속큐브를 만들고, 확장의 이음쇠로 약속큐브와 약속큐브를 연결합니다. 평면이 모여 입체가 되듯, 힘과 포용이 사람, 관계, 환경으로 확장되는 과정은 사람이 함께 살기 위해 단단한 관계를 맺고 질서 있는 환경을 만들어야 하는 이유를 알게 합니다.

Yacsok Ring

⟨Symbol of Love: 마주보기⟩, 2015

보여주는 약속과 간직하는 약속이
작은 고리 안에 있습니다.

보여주는 약속은 말하는 것이고
간직하는 약속은 듣는 것입니다.

보여주는 약속은 손을 내미는 것이고
간직하는 약속은 손을 잡는 것입니다.

보여주는 약속은 다가서는 것이고
간직하는 약속은 마주 보는 것입니다.

보여주는 약속은 눈에 담는 것이고
간직하는 약속은 마음에 담는 것입니다.

당신의 고운 말
따뜻한 손길
친절한 발걸음
다정한 눈빛이
약속의 시작이 되어
마음에 아로새겨질 때
보여주는 약속은 간직하는 약속이 됩니다.

끊임없이 이어지는
보여주는 약속과
간직하는 약속의 고리는
서로를 지켜주는 용기가 되고
함께 사는 지혜를 알게 합니다.

WORK 103

약속반지는
손가락을 마주 거는 약속의 의식처럼
우리가 기쁨으로 하나 되는 증거입니다.

우리의 모습이
때로는
어두운 녹에 가려져
눈부신 빛을 잃기도 하지만
우리 안에 간직한 사랑의 순수는
결코 변하지 않습니다.

매일매일 닦아주세요.
당신의 약속이 빛날 수 있도록.

당신의 약속이 사랑입니다.

Yacsok Playground

약속큐브 인성교육 프로그램(2019, 2020), 인제 기린초등학교

약속큐브가 가장 중점을 두고 진행하고 있는 프로젝트는 어린이·청소년을 위한 인성교육입니다. 작가는 약속큐브가 담고 있는 메시지를 정리한 그림책 〈우리는 약속친구들〉과 종이 약속큐브, 블록 약속큐브 등의 교구 개발을 통해 문화예술교육 프로그램을 기획하였고, 이는 국립여성사전시관, 고양어린이박물관, 국내외 학교 등 여러 기관에서 문화다양성교육과 양성평등교육에 활용되었습니다.

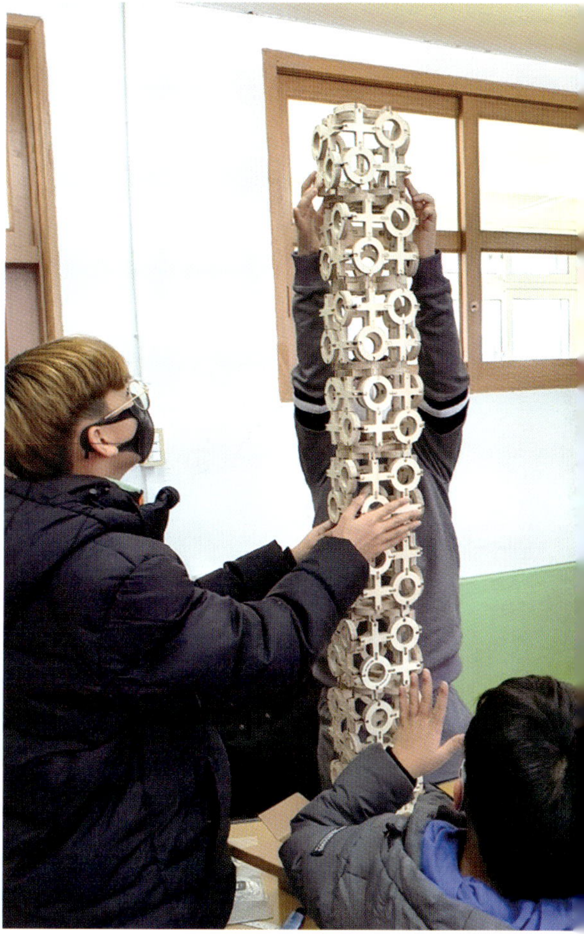

약속큐브 인성교육 프로그램(2019),
인제초등학교

약속큐브 인성교육 프로그램(2017),
고양어린이박물관

약속큐브 인성교육 프로그램(2018),
미국 시카고 윌리엄 히바드 초등학교

약속큐브 인성교육 프로그램(2019),
인제 하남초등학교

문화다양성교육 프로그램 〈약속숲을
그려요〉(2018), 산림문화박람회

약속큐브 합창 공연(2018), 인제 합강
문화제

(좌) 약속큐브의 남성기호와 여성기호가 사용된 인제 하늘내린센터의 화장실 (2023) / 인제 귀둔초등학교 어린이 작품 〈배려하는 놀이터〉의 일부(2019) (우) 약속큐브 전시를 감상한 어린이들이 몸으로 만든 약속 기호(2019)

약속큐브 교육 후 가장 기쁜 성과는 단연 어린이들이 약속큐브 기호를 이해하고 공감할 때입니다. 〈약속큐브의 고장, 인제〉 프로젝트의 일환으로 열린 약속큐브 놀이터 그림 공모전은 약속큐브에 대한 어린이들의 시선을 엿볼 수 있는 기회였습니다. 수상작 중 화장실 기호를 약속큐브의 남자와 여자 기호로 바꾸어 그린 그림이 현실이 되었을 때는 매우 놀라웠습니다. 또한 〈약속큐브: 평화 이야기〉 전시를 감상한 어린이들이 몸으로 약속 기호를 만들어 사진을 남기기도 했습니다. 여자아이들과 남자아이들이 모여 함께 만든 약속 기호는 그 자체로 약속의 의미를 보여주고 있습니다. 약속큐브 기호가 더 많은 사람들에게 전해질 수 있기를 소망합니다.

Hibbard School
Room 309
May 2, 2018

Dear Mr. Hong,

    I would like to thank you for letting me and my classmates become a member of your project Yacsok. I appreciated your project and all of the hard work you have done along the way to accomplish this and I believe that more people in the near future can understand and find the purpose of the message that you have carried throughout the project. In fact, this project has also helped myself because it had taught me 3 things: The first thing that I've learned from this project is that people of all genders don't need to live by the stereotypical way they're told to. They can be whoever they desire to be without people having people to judge them for that. Another thing I've learned from this project is despite that we all are different such as our races, looks, gender, personality, etc., we are all equal. We are all of the same species so everyone one of us should treat each other both equally and fairly. Lastly, I've learned from this project is we can help improve making this world a better place as long as we all decide to help others when they are in need and cooperate with each other. Once again, I would like to thank you for having the experience of being part of this project and I wish you the best of luck in continuing this.

Dear Mr. Hong,

    The ideas you had for changing the symbols were really amazing. I like the way you told how a boy and girl can help not according to what people think. For example, people think that boys are stronger and that is why the symbol for boys is an shield and arrow. I liked how you told that boys use their power to protect the inclusiveness. I liked how you made the Yacsok cube to connect everyone. It was really creative. Another thing that I liked was the meaning of both the symbols. Using the words power and inclusiveness for both the girls and boys was also really nice. Thank you for trying to change the symbols.

                Sincerely,
                  Aswarya

08/02/18

Dear Mr Hong,

I really enjoyed working on the project that you created. I learned what the symbols of each gender meant. I was surprised at what the woman symbol meant. I was also a little disapointed but when Ms. Dokko brought up your symbol and their meaning I really liked it. It made sense what your meaning ment and how it was distributed for each gender. Thats one reason why I liked this project. One other reason why I liked this project was because of the design. I know that you used a word called Yacsok which meant promise. I was happy that we used a Korean word to share your idea. I liked the design and how you used to make the gender signs. I also liked how you designed the Yaesok cube and how they were all holding hands. I also enjoyed learning about your idea while watching your presentation it was easy to look at the message. I hope to be able to spread your message to others and help.

            Sincerely,
            Guadalupe

May 3, 2018

Dear Mr. Hong,
I appreciate and love your idea of changing the idea of men and womens interest especially in looks. I like the idea of men and women because it shows what is inside (internally) than what is outside (externally) and describes how most men and women really are. I think that the old signs mean that because back then that was what was expected of women and men, but times have change and so have people. I agree with your idea because I don't think the old signs show how we are and are not equal. I like how your new men and women sign use the same symbols just that they are different in how it is used, in signs and actions. The cross reminds me of peace and the circle reminds me of harmony.

Dear Mr. Hong
I think that your symbol for the male and female is incredible! My class loved what your two different symbols meant. When Ms Dokko told us the meaning of the orignal male symbol we didn't really put much thought into it but when we knew what the female sign meant there was alot more rosie in the room than there was when we knew about the male symbol so then after that she told us about Yacsok, and then about what your gender symbol looked like and what they meant and we all agree with your idea!
sincerely,

Dear Mr. Hong
I think what you are doing about the symbols of the genders. I agree that we all are the same. We all deserve to be treated the same. We are all human. We are different on the outside but on the inside we are the same

♀ ♂

Sincerely
Eric O.

약속큐브 인성교육 후,
미국 시카고 윌리엄 히바드 초등학교 어린이들이 보낸 편지

Dear Mr. Hong,
    Your design of the new gender signs show how stereotypical the original gender signs are. It shows how all humans should be treated with equality and acceptance. The original gender signs show who we are "supposed" to be, instead of how we want to be. Your design called the "yacsok" shows who we are and that all of us are humans, and are all equal.
    I liked how the yacsok shows how we are all humans. It shows that despite our different races, different styles, and different interests we all have one thing in common, we are all humans. The yacsok is a great idea, it shows that no matter how different you are, you are equal! This is what I like about the yacsok.
    Another reason I like the yacsok is because on it's design it has poportunal size. The sizes show how everything is equal. On the examples of the yacsok, it showed how both the two qualities of the sign are equal.
    The last reason I like the yacsok so much is because of its name and its purpose. Yacsok means "Promise" in Korean. The reason I like this idea so much, is that it brings people together to change something that most of us strive for. That is equality. In the original signs it stereotypes males and females. I love how we are making a promise to show that we are all human, and we are all equal. We are showing that we should not be stereotyped.
    In conclusion, the yacsok is an outstanding idea, it shows how we are all equal. It shows no matter how different you may seem, we all have one thing in common, we are all human.

Sincerely, Mia

May 2018

Dear Mr. Hong,
I am a female and I think that is really unfair that girls have a sign of a mirror, like girls are not the only ones who use mirrors. I can name lots of boys who use mirrors. I think it's very creative that you created the Yacsok because it shows tha females and males are equal

~ From Adina

May 4, 2018

Dear Mr. Hong,
   I agree with the symbols of boy andgirl. It is not fair that the Man has a shield and the girl has a mirror. I support your idea of the Yacsok. The new symbol that you made is much more better than the original one and yours is more equal because we have same cross and circle. I think that symbol great and they should change the other sign to yours.

= Sincerely, Andrea

Dear Mr. Hong,
A couple days ago we started to work on the Yocsok project. I enjoyed making the yocsok cube and adding the promise in the cube. I agree with everything you are doing for everyone, to have the same rights and that we are all human and that is what we all have in common. Also, I like the name you chose for the project, Yocsok (promise). That is very interesting. I hope you can be success on the Yocsok project.

May 5 2018 ⑫

DEAR
MR. HONG,

I am really happy that you thought that the gender signs are incorrect. Since the girl's sign means as like a mirror people are asuming the thoughts of the girls. In some families, the women are the stronger ones taking care of her family. That's why the signs that you made, make more sense with the thoughts and genders. All in all, I agree that your gender symbols that you came up with are better.

Sincerely,
Jordan

5/6/2018

Dear Mr. Hong
   I have learned about your new idea about your new gender symbol and I think it would be the best option because in my opinion it could it shows that each gender is the same but use different ways to be friends, groups, and to be a community. Also I liked how you use a symbol to show a group and community of many people because is show how everyone can be friends and a community

Dear Mr. Hong, 5-3-18

This project is a very good idea. While I was making my Yacsok cube, I felt happy. This is a good idea to change the gender symbols because not all girls care about their looks. Not all boys like "manly" stuff. There are some girls who like sports, like me. There are some boys who like make up, like a very successful person named James Charles. Another reason why I think this is a good idea is because this project teaches young children to not make stereotypes. Another reason why I think this is a good idea is that it will teach others what the real definition of gender. I hope you complete your goal soon!

Sincerely,
Lesli

Hibbard School 5·2·18 #309

Dear Mr. Hong,

I really, really enjoyed your project. I also love how you want to change the gender symbols, I never notice what you had noticed about the gender symbols, but at least you are wanting to change it. But I really love your new symbols. I also love how you made the symbols have the same shapes but, their only put differently which doesn't make them that much different. Another thing I love about it's how you define it different but with the same words. I hope you actually get to accomplish your yacsok project.

Sincerly,
Samantha

Mr. Hong 5/2/18

Thank you so much for the project on which we had to create a yacsok cube. One of my favorite things that I loved about this project is that together as a class we got to come together more and we got to communicate with each other more. The second thing that I loved about this project is that once in for all we got to equality between males and Females. The third thing that I liked about this project was that you used the same symbols for our gender, or you had great definitions for them which was super creative and made them more interesting! Thanks!

- Arethya

Dear Mr. Hong,

I really like what you're doing because girls can do anything that boys can do and not all girls are girly like others. Some girls can be girly, some can be so smart and some can be very tough. One reason why I like what you're doing is because girls shouldn't be judged, because only because some girls are girly. There are different types of girls all around the world. For example, there are some girls that are girly, some can love to play video games, some can love doing exercise and be tough and some girls can be very smart so there shouldn't be a mirror for girls only because some girls are girly but not all of them. Another reason why I liked your project is because of the promise that we had to make. That would really help us throughout life because we made a promise to ourselves that can last our whole entire life and I really liked that because I have never thought before about a promise to make for my like but with this project I did find one that I will always try keeping. This really made me think about other promises or goals I can keep in my head for my entire live because you inspired me to believe that people get judged a lot only because other people aren't like that, that inspired me to find ways I can show that world that we don't have to have wars we just have to have equality because everyone equal won't cause anger or anger of one another because we wil all be equal. The last reason why I liked this project is because we were all able to make our own Yacsok because that would remind us in the future that everyone should be equal and not to be judged by our own differences. I actually liked it because that Yacsok cube would remind me every single day that everyone is equal and that everybody isn't the same. This also helped a lot people realize people get judged only because other people that are the same gender are like that but everybody isn't the same as every person out there.

Sincerely,
Jemmy

Musical 〈Yacsok Cube〉(2019), CKL스테이지 & 인제 하늘내린센터

뮤지컬 〈약속큐브〉는 2017년에 출간한 그림책 〈약속꽃을 그려요〉를 각색하여 만든 가족 뮤지컬입니다. 작가는 약속큐브의 메시지를 쉽고 재미있게 전달하고자, 두 주인공이 성 고정관념에서 벗어나 자신의 진정한 내면의 모습을 찾아가는 이야기를 창작하였습니다.

〈약속큐브-약속친구들〉(2018), 한국공예·디자인문화진흥원 갤러리 / 〈약속큐브: 평화이야기〉(2019), 문화역서울284

약속큐브는 통일부와 남북하나재단이 함께한 〈통일은 행복약속〉(2015)을 시작으로, 한국공예·디자인문화진흥원 갤러리(2017, 2018), 문화역서울284(2019), 박인환문학관(2019) 등에서 수차례 전시를 선보였습니다. 그동안 여성가족부, 양성평등교육진흥원, 한국여성수련원, 강원도인제교육청, 인제군, 그리고 약속큐브의 철학을 이해하고 공감하는 여러 분야의 작가들과 협업하였습니다.

〈약속나무〉(2023), 인제 하늘내린센터

약속나무 설치 조형물은 약속의 좋은 영향이 세상에 깊이 뿌리내리기를 바라는 작가의 염원을 표현한 작품입니다. 첫 번째 약속나무는 강원도 인제 하늘내린센터에 전시되어 있습니다.

ARTIST'S NOTE

자연의 모습은 보기에 좋고 안정된 구조를 가집니다. 하나의 개체가 지니는 형태뿐 아니라 수많은 개체들이 모인 군집 또한 그러합니다. 그래서 우리는 서로 다르더라도 조화와 균형을 갖춘 모습을 보고 자연스럽다고 말합니다. 자연에서 나고 자란 인간의 본성 또한 마찬가지여서 다양한 사람들이 모여 하나의 사회를 일구며 살아갑니다. 이에 착안하여 나는 새로운 사람의 기호를 자연의 모습에서 가져왔습니다. 자연을 닮은 이 기호들은 본성은 같지만 개성은 다른 사람들이 조화를 이루며 함께 사는 모습으로 사람, 관계, 환경으로 확장됩니다.

나는 이 기호들 중 사람과 사람의 평등한 결합을 의미하는 약속⚭을 가장 중요하게 생각합니다. 다르다는 것은 협동과 발전의 원동력이 되지만 때로는 불만과 갈등을 불러오므로 관계의 시작은 늘 평등해야 합니다. 그래서 사람과 사람의 만남, 그 첫 번째 관계를 의미하는 평등의 기호⚭를 '맺어서 묶는다'는 의미의 한국어 '약속'이라 이름 짓고, 이를 번역할 때에도 'YACSOK'이라 적기로 했습니다.

약속의 씨앗이 사람들의 마음속에 싹을 틔우고 뿌리내리면, 같고도 다른 우리가 서로를 인정하고 이해하여 조화롭고 풍성한 약속숲을 이루며 살 수 있습니다. 자연의 지혜를 품은 새로운 사람의 기호가 사람들의 눈과 마음에 새겨지기를 소망합니다.

Artist's Note

자연은 직선과 곡선으로 이루어져 있습니다.
직선은 강하고 곡선은 부드럽습니다.
강함과 부드러움이 모여 세상을 만드는 것처럼
우리 안에는 강함과 부드러움이 함께 있습니다.
그것이 힘✚과 포용⭕입니다.

세상일은 자연을 닮아 변화와 안정의 균형으로 질서를 유지합니다.
변화의 에너지가 힘✚이고, 안정의 원천이 포용⭕입니다.

힘은 권위와 감동이고, 포용은 공감과 조화입니다.
권위와 감동이 수직과 수평으로 만나 힘✚이 되고,
공감과 조화의 끊임없는 연결이 포용⭕이 됩니다.
힘✚은 마음을 움직여 행동하게 하고, 그 행동으로 소중함을 지킵니다.
포용⭕은 마음을 나누어 충만하게 하고, 그 충만함으로 사랑을 전합니다.

힘✚과 포용⚪이 만나 사람이 됩니다.
사람은 힘✚으로 포용⚪을 지키고, 포용⚪으로 힘✚을 전합니다.

힘✚과 포용⚪은 사람마다 다르게 발현됩니다.
다름은 특별함이 되고
특별함은 세상을 풍요롭게 합니다.
사람은 힘⚪과 포용✚의 동질감과 유대감으로
서로 다름을 이해하고 인정하며 존중합니다.

새로운 사람은
무기를 든 남성♂을 거부합니다.
공격하고 파괴하는 폭력을 내려놓고
힘✚과 포용⭕으로
무한한 가능성을 실현하는 남성의 상징은☿입니다.

새로운 사람은
눈비음하는 여성♀을 거부합니다.
타인의 시선에 갇힌 삶에서 벗어나
포용⭕과 힘✚으로
자신의 이야기를 세상에 펼치는 여성의 상징은♀입니다.

힘✚과 포용⭕의 인격체, 남성♂과 여성♀의 본질은 결코 다르지 않습니다.
남성에게도 여성성이 있고, 여성에게도 남성성이 있습니다.
남성♂과 여성♀은 우열을 겨루는 경쟁의 상대가 아니라
미래를 함께 만드는 상생의 짝입니다.

불완전한 남성♂과 여성♀이 하나가 되었을 때
완전한 존재인 약속⚦이 됩니다.
약속⚦은 사람과 사람의 결합입니다.
약속⚦ 안에는 같지만 다른 우리가 함께 있습니다.

약속☧은 이기심과 폭력을 거부합니다.
이기심은 불안에서 시작되고,
폭력은 두려움에서 나옵니다.
이기심과 폭력은 약속☧을 만들 수 없습니다.

약속♥은 관계의 시작입니다.
함께 있음이 불안과 두려움을 용기로 바꾸고
약속♥은 관계를 만들고 이어가는
희생과 봉사, 존중과 평등, 지구와 환경, 자유, 삶의 존엄과 활력, 사랑이 됩니다.

약속ꙮ은 같은 크기의 힘✚과 포용⭘이 끊임없이 연결되는 모습입니다.
힘이 포용을 바라보고, 포용이 힘을 향하는 약속의 규칙은
변함없는 자연의 질서 안에서
사람과 사람이 함께 만드는 생명의 순환입니다.

약속ꙮ은 어떠한 차별도 받지 아니하고,
편견으로부터 자유롭습니다.
서로를 존중하는 관계는 아름답습니다.

약속ꙮ은 그 자체로 평등을 상징하며,
약속으로 이루어진 세상은 인권이 실현된 세상입니다.

ARTIST'S NOTE

약속♋은 사랑의 순수를 간직하고, 사랑을 믿으며,
곁에서 서로를 지키고 돌보겠다는 다짐입니다.

약속♋은 사랑과 헌신과 공경으로 자라는
존중의 꽃과 평등의 열매가 가득한 가정의 근원입니다.

약속🤝은 시련을 이겨내는 힘이며,
고난 속에서도 미래를 꿈꾸게 하는 희망의 씨앗입니다.

약속❤은 변화를 두려워하지 않고,
함께 있을 때 가장 커다란 힘과 용기를 발휘하는 우리들의 모습입니다.

약속🤝은 우리를 함께 있게 합니다.

약속🤝의 힘✚과 포용⭕은

우리를 같은 시간 속으로 인도하고, 같은 공간 속에 깃들이게 합니다.

약속🤝을 지킨다는 것은

사람과 사람이 단절되지 않는다는 것입니다.

약속🤝은 모든 관계를 연결하고,
약속🤝이 만드는 관계는 끝없이 이어집니다.
때로는 욕망과 불성실과 부주의에 의해 약속의 관계가 깨질지라도
힘✚과 포용⭕이 발휘하는 치유와 회복의 과정은
새로운 약속🤝으로 거듭납니다.

우리는 모두 다른 색으로 태어납니다.
개성은 관계 속에서 빛을 발하고
약속❦의 좋은 영향으로 풍요로워집니다.

약속❦은 함께 사는 세상을 여는 열쇠입니다.
약속❦은 다름을 엮어 새로운 세상을 열고
다름을 이해하고 존중하여 공감의 세상을 만듭니다.

약속⚭이 만드는 관계는 좋은 영향으로 전해집니다.
세상의 일은 수명을 다하면 그대로 소멸되는 것이 아니라
다른 관계에 특별한 영향이 되어 또 다른 세상 일의 모습이 됩니다.
관계에 전해지는 특별한 영향은
좋은 영향이 되기도 하고 나쁜 영향이 되기도 합니다.
그래서 우리는 우리 안의 좋은 영향이 약속⚭이 되어
전해질 수 있도록 해야 합니다.

약속⚭의 힘✚은 우리를 움직여 좋은 영향을 이끌어내고,
포용⭕은 우리를 머물게 하여 우리 안에 좋은 영향이 가득하게 합니다.
좋은 영향을 함께 나누는 약속⚭의 시간이 우리의 삶을 충만하게 합니다.

약속⚥이 확장된 약속큐브✿는 힘✚과 포용⭕의 결합으로 생성된
남성♂과 여성♀, 남성♂과 남성♂,
여성♀과 여성♀이 만나서 만들어내는
좋은 관계의 결정체입니다.

사람의 평등한 결합인 약속⚥이 모여 좋은 관계✿를 이루고,
좋은 관계가 만나서 행복한 환경✤을 완성합니다.
약속큐브는 함께 사는 우리들의 모습입니다.

약속이 된
우리는
외롭지 않습니다

　사람은 근원적인 결핍을 가지고 태어납니다. 이 결핍은 신의 형상을 닮았으나 결코 신이 될 수 없는 영원한 부족함입니다. 채워지지 않는 결핍은 끝없는 욕망이 되고 그로 인해 사람은 스스로를 불완전하게 느끼게 됩니다. 완전해질 수 없음에도 완전해지기를 욕망하는 괴로움은 위대한 존재를 섬기는 신앙이 되어 종교를 탄생시켰고, 자아성찰과 반성을 통해 철학과 예술로 발전하였습니다. 불완전한 사람들의 욕망과 좌절에 관한 이야기는 역사의 기록에 등장하고, 경전과 고전, 신화와 전설, 문학과 예술 작품 속에서 쉽게 찾아볼 수 있습니다.

　결핍과 욕망의 간극으로 인해 사람은 실수를 하고 죄를 짓습니다. 매일 뉴스의 머리기사를 장식하는 불완전한 사람의 이야기는 누구든 욕망의 희생자가 될 수 있고 반대로 욕망에 굴복하여 가해자가 될 수도 있음을 보여주어 사람들의 마음속에 불안과 두려움을 싹트게 합니다. 불안은 이기심이 되고 두려움은 폭력이 됩니다. 그래서 사람들을 나약하게 만들고 상처와 고통을 남겨 결국 관계를 망가뜨리는 원

인이 됩니다.

　이로써 사람은 외로운 존재가 됩니다. 불안과 두려움으로 인해 타인에 대한 공포를 내재하게 된 사람은 자신을 지키기 위한 일종의 방어기제防禦機制로 마음에 벽을 세워 그 안에 스스로를 가둡니다. 혼자서는 살아갈 수 없음에도 불구하고 서로 배척하고 스스로를 고립시키는 모순은 결국 자멸하는 운명을 가져오고, 불행한 개인들이 모여 사는 고독한 세상은 온갖 사회적 문제들이 난무하게 됩니다.

　이 심각한 위기는 오직 약속⚭을 통해 극복할 수 있습니다. 약속은 사람과 사람의 평등한 결합이며, 우리 모두가 서로에게 좋은 영향이 될 수 있음을 아는 것입니다. 성性, 세대, 장애, 인종, 지역, 문화, 빈부, 직업, 정치적 성향으로 서로의 다름을 말하기 전에, 우리 모두가 '힘과 포용을 지닌 사람'임을 알아야 합니다. 개개인의 자아自我가 결코 다른 사람의 자아와 같아질 수 없기에 서로의 다름을 인정하고 소통을 통해 이해하며 감싸 안아서 마음의 벽을 허물어야 합니다. 이렇듯 사람과 사람이 약속으로 만나는 것은 공동체의 시작이며 서로를 지키고 돌보는 사회적 안전장치를 만드는 일입니다.

　약속⚭이 된 우리는 결코 외롭지 않습니다. 약속의 연결을 이해하는 것은 내가 누군가를 끌어안고 있으며 또 누군가의 품에 안겨 있음을 아는 것입니다. 약속으로 연결된 사람들은 좋은 영향을 주고받으며 서로를 닮아가고, 좋은 관계를 맺은 사람은 사회 속에 융화됩니다. 약속으로 만난 사람들이 일구는 사회는 다름이 갈등이 되는 세상이 아니라 다름으로 서로의 결핍을 채워 모두가 행복해지는 세상입니다. 결국 약속은 불완전함을 극복한 사람들의 모습입니다.

Yacsok Diagram

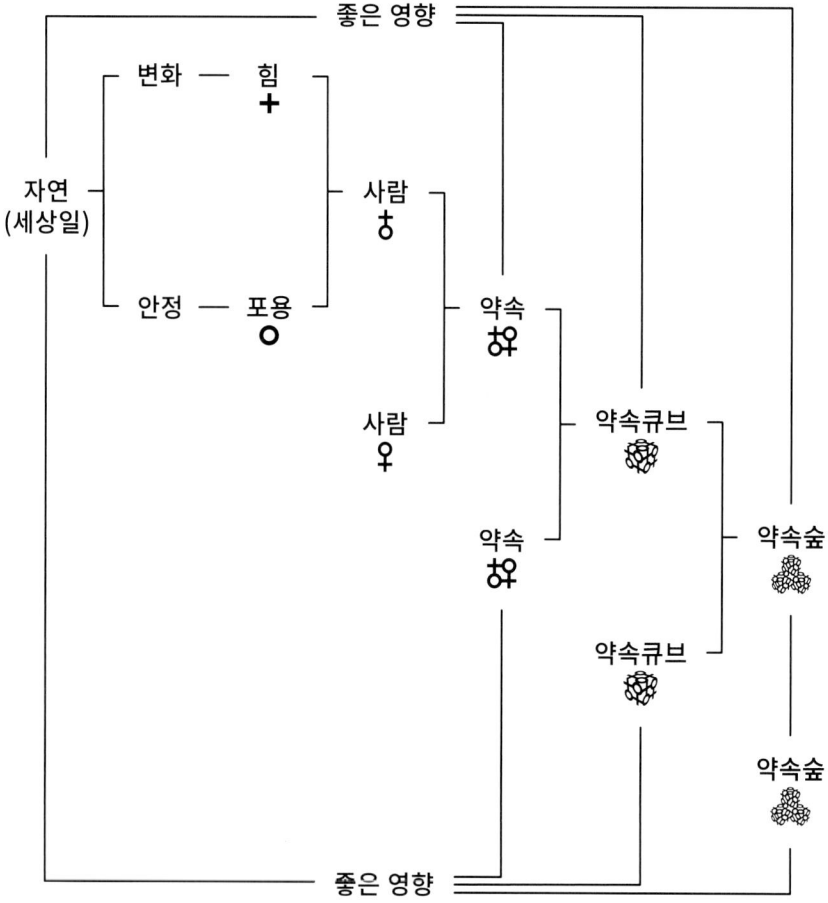

╋○
자연을 닮은

ㅎ ♀
새로운 사람의 기호는

평등한 사람,

다양성을 존중하는 관계,

조화로운 환경으로

확장됩니다.

우리 마음에 살아있는 인류애가
불안한 세상을 안정되게 하고,
서로 다른 우리의 개성이
심심한 세상에 활기를 불어넣습니다.

힘과 포용으로 세상에 좋은 영향을 전하는
모든 약속친구들에게 바칩니다.

YACSOK CUBE
야 ㄱ ㅅ ㅗ ㄱ ㅋ ㅠ ㅂ

지은이	홍성민
일러스트	이현정
편집·디자인	이현정
펴낸이	홍성민
초판 1쇄	2023.12.16
펴낸 곳	FROGSTEP
	등록 | 제 2023-000045호
	E-mail | efrogstep@naver.com

이 책에 실린 저작물과 이미지는 지은이와 FROGSTEP의 서면 허락 없이는 무단 복제, 전재할 수 없습니다.